Reise durch das

ERZGEBIRGE
UND DAS SÄCHSISCHE VOGTLAND

Bilder von
Johann Scheibner

Texte von
Ernst-Otto Luthardt

Stürtz

Erste Seite:
Die wichtige Aufgabe dieser putzigen Männchen besteht darin, möglichst viel zu rauchen. Der Qualm, den man von ihnen verlangt, kommt aus ihrem Bauch. Und zwar von Räucherkerzen in den verschiedensten Düften.

Vorherige Seite:
Die Burg Mylau thront auf einem mitten in der Stadt gelegenen Bergsporn. Älteste Teile der Anlage sind der Bergfried und der Wohnbau, die beide aus dem 12. Jahrhundert stammen.

Unten:
„Bergstreittag" in St. Wolfgang zu Schneeberg. Nachdem es den hiesigen Bergleuten Ende des 15. Jahrhunderts gelang, die Unternehmer zur Rücknahme von Lohnkürzungen zu zwingen, feierten sie den Erfolg mit einem Dankgottesdienst. Und tun dies, am 22. Juli, noch heute.

Seite 10/11: Die Göltzschtalbrücke, von einem Fesselballon aus gesehen. Der größte aus Ziegelstein errichtete Viadukt der Welt wurde von 1846 bis 1851 unter der Leitung von Professor Johann Andreas Schubert und Oberingenieur Robert Wilke errichtet.

Inhalt

F. A. KETZEL

Wo Sachsen dem Himmel am nächsten kommt – Erzgebirge und Vogtland

Die Stadt Schneeberg wird von der Kirche St. Wolfgang überragt. Das zwischen 1515 und 1540 errichtete spätgotische Gotteshaus fiel im April 1945 einem Luftangriff zum Opfer und brannte bis auf die Mauern nieder. Wiederaufgebaut wurde seit 1952. 1996 kam der aufwändig restaurierte Cranach-Altar zurück.

Höher als der Fichtelberg, nämlich 1214 Meter, ist kein anderer in den neuen Bundesländern. Vielleicht gibt es deshalb im Erzgebirge so viele Engel. Und zwar in allen Größen, Farben und Varietäten: Fliegend und stehend. Betend, singend und musizierend. Mit Kerzen und elektrischer Beleuchtung. Und die aus Grünhainichen sogar mit eigenem, unverwechselbarem Markenzeichen, nämlich elf weißen Punkten auf grünen Flügeln. Grete Wendt, Absolventin der Dresdner Kunstgewerbeschule, hat sie in den Zwanzigerjahren des vergangenen Jahrhunderts geboren. Ihre zahlreiche Nachkommenschaft ist über alle Kontinente verstreut.
Die ersten Engel wurden von Bergleuten geschnitzt. Nach der Arbeit im dunklen Stollen war diesen Licht ebenso wichtig wie Essen und Trinken. So brachten sie neben den himmlischen Wesen sich selbst als Lichterträger ein. Inzwischen sind Engel und Bergmann weit über Sachsen hinaus bekannt. Doch damit waren Fantasie und Gestaltungskraft der Erzgebirgler noch lange nicht erschöpft. Von den Deckenleuchten ist die „Spinne" am originellsten: Die Namensgebung resultiert aus den s-förmigen Armen, die einem reichgedrechselten, in einer Kugel endenden zylindrischen Holzteil entspringen. Auch die Drehpyramide und der lichterbestückte Schwibbogen sind erzgebirgische Erfindungen.

Vom Großen „Berggeschrey"

Das Erzgebirge wurde – nomen est omen – durch den Bergbau erschlossen und geprägt. Er lockte Menschen, bot Arbeit, ließ Siedlungen entstehen und Städte wachsen, schaffte Wohlstand und ständisches Selbstbewusstsein, das sich in Architektur und Kunst niederschlug. Den Anfang machten im Jahre 1168 reiche Silberfunde bei Christiansdorf. Das daraufhin ausbrechende „Berggeschrey", so der Name dieser speziellen Form der Nachrichtenübermittlung, traf überall auf offene Ohren. Ob Bergleute, Handwerker und Händler, Glücksritter oder

Halsabschneider – sie alle hofften, vom großen Kuchen etwas abzubekommen. Die Stimmung mag damals jener vergleichbar gewesen sein, die Jack London in seinen Büchern über den Goldrausch am Klondike geschildert hat. Die aus dem Nichts entstandene Siedlung erhielt bereits 17 Jahre nach ihrer Gründung das Stadtrecht verliehen. Der Name Freiberg wurde erstmals Anfang des 13. Jahrhunderts erwähnt. Eine ähnliche Rolle wie dem Silber kam dem Zinn zu. Der erste urkundliche Hinweis auf dessen Abbau datiert aus dem Jahre 1293 und führt nach Ehrenfriedersdorf. Die Wurzeln des deutschen Zinnbergbaus liegen also im Erzgebirge.

Nachdem zuvor die Förderung deutlich zurückgegangen war, stieß man im letzten Drittel des 15. Jahrhunderts auf gleich mehrere Silberadern, die alles bisher Dagewesene in den Schatten stellten. Die Funde am Schnee- (1471) und Schreckenberg (1491) waren Anlass für einen neuerlichen Triumph- und Lockruf, der als Großes Berggeschrey in die Geschichte einging. Wie schon zuvor in Christiansdorf kamen die Leute in Scharen. Gründeten Schneeberg und die „Neustadt am Schreckenberg", die 1501 den Namen St. Annaberg bekam und innerhalb von vier Jahrzehnten – mit 12 000 Einwohnern – zu einer Großstadt heranwuchs.

Für den rechten Umgang mit ihrem Geld stellten die Annaberger Bergherren um 1522 einen absoluten Profi ein, nämlich Adam Ries, den „Vater der modernen Rechenkunst". Als „Rezeßschreiber" hatte dieser zunächst die Abrechnungen und Steuern der Fundgrübner von Annaberg, Marienberg, Scheibenberg, Wiesenthal und Elterlein zu überwachen. Später sorgte er als „Zehntner" in Geyer dafür, dass auch der Landesherr nicht zu kurz kam.

PS: Der Vollständigkeit halber sei erwähnt, dass sich im Erzgebirge nicht alles um Silber und Zinn drehte, sondern auch um Kobalt, Nickel, Wismut, Eisen, Blei, Kupfer, Zink, Wolfram und dass, von 1946 bis 1990, Uran abgebaut wurde.

Gottes prächtige Hallen

Unter den Bergleuten war es alter Glaube, dass ihr Werk ohne himmlischen Beistand nicht gedeihe.

„Einem schwachen Holze, schaue,
Jesu, ich mich anvertraue,
wann ich fahr in tiefen Schacht,
wo es lauter finstre Nacht."

... dichtete Mitte des 18. Jahrhunderts der Freiberger Obersteiger und Knappschaftsälteste Christian Gottlieb Lohse. Dank und Erwartung äußerten sich in frommen Liedern und in herrlichen Gotteshäusern. Die spätgotischen Hallenkirchen zählen zu den Glanzlichtern

sakraler Architektur in Sachsen, ja ganz Deutschlands. Dabei täuscht der erste Eindruck, denn sie sind äußerlich eher nüchtern. Nur die Dome in Zwickau mit den Propheten- und Apostelstatuen, vor allem aber in Freiberg mit der legendären Goldenen Pforte, die jedoch nicht aus gotischer Zeit stammt, sondern ein Überbleibsel des romanischen Vorgängerbaues ist, machen darin eine Ausnahme.
Umso größer das Wunder, umso heller der Glanz, umso größer die Pracht im Innern. Schon beim Eintreten fasziniert die Weite des Raumes, über den sich, getragen von eleganten Säulen, ein gleichmäßig hoher Himmel wölbt. In der St.-Annen-Kirche von Annaberg ging Meister Jacob Haylmann von Schweinfurt so weit, das erprobte, aber etwas langweilige Kreuzrippengewölbe zugunsten fantasievoller Schleifensterne und Schlingrippen aufzulösen. Dabei erwiesen sich die irdischen Bedenken und Widerstände größer als jene, die ihn bei der Erschaffung des Himmels erwarteten. Aus der reichen steinernen Bauplastik ragen Hans Wittens Schöne Tür (aus der zerstörten Franziskanerkirche) und Franz Maidburgs Reliefs an der Emporenbrüstung (Altes und Neues Testament, die menschlichen Lebensalter) heraus. Bekanntestes Kunstwerk ist der Bergaltar mit Hans Hesses großartiger Hommage an den Silberbergbau. Auf den vier Bildtafeln finden sich bis ins kleinste technologische Detail alle Arbeitsschritte von der Erschließung der Erzader bis hin zur Münzprägung.
Was man in den anderen erzgebirgischen Hallenkirchen unbedingt sehen muss: Im Dom von Zwickau die Pietà Peter Breuers und den von Dürers Lehrer Michael Wohlgemuth geschaffenen Altar; im Freiberger Dom – neben der Goldenen Pforte – die spätromanische Kreuzigungsgruppe und die Tulpenkanzel; in St. Marien von Marienberg die beiden gotischen Altäre; in der St. Wolfgangskirche von Schneeberg den am 19. April 1945 aus dem brennenden Gotteshaus geretteten Altar, dessen Schicksal – erst wurde er geraubt, dann entging er wie durch ein Wunder einem Kirchenbrand und der Bombardierung – in gewisser Weise zum Bild der Apokalypse passt, das ihm Lucas Cranach der Ältere aufgemalt hat.

Herr Goethe gibt sich die Ehre

9. Juli 1813, fünf Uhr nachmittags. Goethe, seit Ende April im böhmischen Bad Teplitz kurend, bricht zu einer geologischen Exkursion in den sächsischen Teil des Erzgebirges auf. Die Nacht verbringt er in Zinnwald, um am nächsten Tag in Begleitung des Steinschneiders Mende die Grube Vereinigt-Zwitterfeld zu besuchen. Anschließend wandern die beiden nach

In der Schaumanufaktur für Akkordeons in Klingenthal kann man zuschauen, wie ein solches Musikinstrument entsteht. Das Städtchen war einer der weltweit bedeutendsten Standorte der Harmonikaproduktion.

Geising, wo es zehn Jahre zuvor einen spektakulären Erdrutsch gegeben hat. *„Man muß sich vorstellen, daß die sämtlichen Gruben an dem Abhange eines Berges gelegen, und da sie zusammengestürzt, so hat sich ein Trichter gebildet, mit Wänden von ungleicher Höhe, die vordere viel niedriger als die hintere. Sie nennen diesen Trichter, nach dem gewöhnlichen bergmännischen Ausdruck, die Binge."*

Zu einer zweiten, noch mächtigeren Einsturzstelle ist es nicht allzu weit. *„Das große sogenannte Stockwerk zu Altenberg hat schon 1547 und 1548 einige Brüche erfahren, der Hauptbruch geschah aber 1620, wo 36 Gruben mit 36 Göpeln zugrunde gingen ... Da nun die 36 Gruben jede für sich einzeln bauten, jede soviel als möglich aus ihrem Felde herausnahm, ohne sich um das Allgemeine oder um die Nachbarn zu kümmern, so war der Berg nach und nach ausgehöhlt, daß er sich nicht mehr hielt, sondern zusammenstürzte."*

Natürlich schaut sich Goethe auch die Mineraliensammlung seines Führers an. So wie er ein knappes Jahrzehnt später von Eger aus ins vogtländische Schönberg kommt – neugierig, was der dortige Pastor Martius alles aus der Erde Schoß zusammengetragen hat. Der Besuch ist ihm sogar einen Tagebucheintrag wert: *„Um 1 Uhr nach Schönberg. Zum Pfarrer des Ortes. Dessen Mineralien besehen, besonders die vom Capellenberg beachtet, zum Geschenk erhalten."* Dank seines damaligen Begleiters, des Egerer Polizeidirektors Grüner, wissen wir, dass es sich um *„Rauchtopase, Amethyste und Egrane"* handelte. Als Goethe im Jahre 1810 für einige Tage nach Freiberg kommt, weiß er dort zwei Freunde: Friedrich Wilhelm Heinrich von Trebra (1740–1819), den obersten Chef des kursächsischen Bergbaues, und Abraham Gottlob Werner (1749–1817). Dem Professor an der berühmten Bergakademie kommt das Verdienst zu, die Mineralogie als selbstständige Wissenschaftsdisziplin etabliert zu haben. Apropos Bergakademie. Deren Mineraliensammlung, die als größte der Welt gilt, bekam 2008 mit dem wiedererstandenen Schloss Freudenstein in Freiberg ein neues prächtiges Zuhause.

„Do pflanzt off mei Grob fei an Vuglbeerbaam …"

„Vogelbeerbäume … fehlen keiner Landstraße, keinem Weg und Steg, keiner Siedlung hier oben. Und wie herrlich stehen sie da … im Schmuck ihrer Früchte … Das leuchtet und gleißt in allen Tönen, vom lichten Orange bis zum mattesten Rot, Mennige und Zinnober, selbst Karmin hier und da … Am schönsten aber, wo, vom Herbsthauch geküßt, auch das Blatt an dem herrlichen Farbenspiel teilnimmt. Einen zarteren Ton mischt es bei, einen duftigen bräutlichen Schleier, von dem sich die kräftige Farbe der Früchte bald wirkungsvoll abhebt, bald leise mit ihm verschmilzt: ein Bild rot in rot von seltener Pracht. Es ist, als wollten die Bäume hier oben im farbenfrohen Herbst den Mangel der reizvollen Obstblüte ersetzen, die im Frühling das Niederland schmückt …", schwärmte der Dresdner Professor Martin Braeß. Obwohl seither fast hundert Jahre verstrichen sind, hat sich an diesem Bild kaum etwas geändert. Es gibt bis heute kein Gebirge, das der Vogelbeerbaum in gleicher Weise liebt und bevorzugt. Umgekehrt lassen die Erzgebirgler nichts über ihren Lieblingsbaum kommen. Versichern stolz: *„Keen Ubsbaam (Obstbaum) ham mer nich, aber Aabschen (Ebereschen) un Wald."* Und nutzen jede Gelegenheit, Anton Günthers berühmtes Lied anzustimmen, an dessen Ende manchmal Tränen fließen:

„Unn wenn iech gestorm bieh
– Jech wär'sch nett drlaan –
Do pflanzt off mei Grob
Fei an Vuglbeerbaam!"

Um danach die Stimmung wieder aufzuheitern, bedarf es viel Vogelbeerlikör. Der gilt nämlich hierzulande, außer bei Verkehrskontrollen, nicht als Alkohol, sondern als Medizin. So wird in einem alten erzgebirgischen Kräuterbuch geraten, „Harnwinde und Steinschmerzen mit Vogelbeersaft in warmem Bier zu remedieren". Die Beeren, aus denen das köstliche Labsal gewonnen wird, stammen von veredelten Ebereschen, nicht von wilden.

Robin Hood aus Scharfenstein

Lebte Karl Stülpner heute, wäre er ein Lieblingskind der Regenbogenpresse. Schon zu seinen Lebzeiten erschienen zwei Biografien über ihn. Eine verkaufte der zwischenzeitlich verarmte Raubschütze zum Teil selber. So auch in Leipzig – wo man ihn aus der Stadt verwies und das Buch ob seines „gemeinschädlichen Eindruck(s) auf die minder gebildeten Volksklassen" beschlagnahmte. Dass die Zensoren nach längerem Hin und Her einen Rückzieher machen mussten, war Stülpners Popularität geschuldet.

Dessen schillernde Vita passte nahezu ideal zum Klischee vom edlen Räuber. Geboren am

Auf Schlittentour in Altenberg. Das relativ schneesicher auf dem Kamm des Erzgebirges gelegene Wintersport-Eldorado beherbergt mehrere Leistungszentren. Doch auch Freizeitsportler kommen voll auf ihre Kosten.

30. September 1762 zu Scharfenstein, verdingte er sich zunächst als Soldat, als der er unter den verschiedensten Herren diente und – wenn ihm die Sache zu bunt wurde – desertierte. 1794 wieder in seinen Heimatort zurückgekehrt, erwarb er sich rasch den Ruf eines unfehlbaren Schützen. Und fand es nicht nur rechtens, sich des Überflusses an Hasen, Hirschen, Rehen und wilden Schweinen, sondern auch an anderen Gütern zu bedienen. Anders gesagt: Stülpner war Wilderer und Räuber. Es ehrt ihn freilich, dass er nicht selber Reichtum anhäufte, er ließ die Scharfensteiner an der Beute teilhaben. Und er bewies mehr als einmal seinen ausgeprägten Gerechtigkeitssinn. So, als ein Förster einer armen Alten das gesammelte Holz entriss und noch dazu ihren Korb zertrat. Worauf Stülpner ihn mit vorgehaltener Büchse zwang, den Schaden zu bezahlen.
Unser Räuber fürchtete zwar weder Tod noch Teufel, hatte jedoch inzwischen eine Familie gegründet. So schien ihm das Soldatendasein sicherer. Lange hielt er es allerdings auch diesmal nicht aus. Er desertierte nach Böhmen, von wo er erst nach der Generalamnestie von 1813 zurückkehrte. Musste dann allerdings, als Schmuggler enttarnt, noch ein weiteres Mal aus Sachsen fliehen. 1828 tauchte er wieder in Scharfenstein auf. Und blieb für immer. Völlig mittellos, wollte er trotzdem nicht mehr wildern, rauben oder schmuggeln. Kam stattdessen auf die Idee, sich selber zu vermarkten. Zog durch die Dörfer und unterhielt die Leute mit wirklichen oder erdachten Geschichten aus seinem vorherigen Leben. Im Alter von fast 79 Jahren segnete er das Zeitliche. Sein Grab auf dem Friedhof von Großolbersdorf ist noch heute erhalten. Seit dem Jahre 2000 ist ein von der Volkssternwarte Drebach entdeckter Planetoid nach ihm benannt.

Die Stunde der Harmonika

Auf den ersten Blick scheint es einigermaßen putzig, dass der eine der beiden Hauptorte des vogtländischen Musikwinkels Klingenthal heißt. Näher betrachtet handelt es sich jedoch um zwei verschiedene Schuhe. Geht doch der Name nicht auf irgendwelche Klänge, sondern auf Nicol Klinger zurück, der hier vor rund vierhundert Jahren ein Hammerwerk betrieb. Erst Mitte des 17. Jahrhunderts kamen Klingenthal und die Musik zusammen. Und zwar durch böhmische Geigenbauer, die während der Gegenreformation lieber ihren Wohnort als den Glauben wechselten.

Dem Einzug der Geige folgte der eines ganzen Orchesters. Zunächst verlegten sich einige Meister auf die Fertigung von Bogen und Saiten. Danach, Ende des 18. Jahrhunderts, begannen sie zusätzlich Blech- und Holzblasinstrumente herzustellen. Auf letztere war auch Johann Wilhelm Rudolph Glier spezialisiert. Bis er zufällig auf ein neues Instrument, die Mundharmonika, stieß. Ein gutes Geschäft witternd, baute er sie nach. Andere Kollegen folgten ihm darin. Es dauerte gerade einmal ein Jahrzehnt, bis sie sich an die Spitze der deutschen Mundharmonikaproduktion katapultierten. Doch damit war die Erfolgsgeschichte noch nicht zu Ende. Der nächste Renner hieß Handharmonika (Akkordeon). Klingenthal rückte nun auch auf dem Weltmarkt in die vorderste Reihe.

Nach der Wende mussten sich die Hersteller neu orientieren. Doch die Akkordeonherstellung hat sich trotz radikaler und teils sogar existenzbedrohender Schlankheitskur behauptet.

Dass Barbara Hüttel vom Fach ist – sie war im Musikinstrumentenbau beschäftigt – merkt man. Doch wenn sie durch die von ihrem Gatten über Jahrzehnte hinweg zusammengetragene Sammlung historischer Spieldosen, Leierkästen, Dreh- und Kirmesorgeln, Orchestrions und Grammophone führt, belässt sie es nicht bei der Demonstration und Erklärung, sondern bringt ihre komödiantische Begabung mit ein. Das heißt, hier wird viel gelacht und nicht selten auch getanzt. Der originelle Musenort namens „Hüttel's Musikwerkausstellung" findet sich direkt an der Hauptstraße von Wohlhausen, einem Ortsteil von Markneukirchen – ist also gut mit dem Besuch eines zweiten zu verbinden, der ebenfalls Polyhymnia hofiert. Das in einem barocken Bürgerhaus, dem sogenannten Paulus-Schlösschen beheimatete Musikinstrumentenmuseum gehört zu den bedeutendsten und interessantesten seiner Art in Europa.

Top nicht nur zur Sommerzeit ...

Erzgebirge und Vogtland haben alles, was man zum Urlaubmachen braucht. Und sogar noch mehr. Doch das merkt man erst, wenn man hinfährt. Wie der preußische Jurist Friedrich Carl von Savigny (1779–1861), dessen Einschätzung – *„Wir fanden das vorteilhafte Urteil, das man in ganz Sachsen von dem Charakter der Gebürgler fällt, bei allen, mit denen wir zu schaffen hatten, bestätigt; überall die Einfachheit, Gutmütigkeit und Dienstfertigkeit, die man immer*

Die 1537 geweihte barocke Kirche „Zum Friedefürsten" in Klingenthal ist nach der Dresdner Frauenkirche das größte Bauwerk dieser Art in Sachsen. Der Innenraum wurde 1739 von Johann Salomon Dörfel aus Oelsnitz ausgemalt. Die Orgel datiert von 1760.

finden möchte und die man so selten findet." – noch immer gilt. So spricht Kurt Arnold Findeisen in seinem „Erzgebirgslied" auch vielen Besuchern aus dem Herzen: *„Tief in Holz und Heidekraut / Hat bei euch sich meine Seele / Ach, ein kleines Nest gebaut!"*

Die Offerte der Natur zum Wandern im Erzgebirge und Vogtland ist so verlockend, dass man sie unmöglich ausschlagen kann. Bei insgesamt 5000 Kilometern markierter Wege, inklusive weiter Aus- und tiefer Einblicke, fällt allerdings die Auswahl nicht leicht. Fast zwei Dutzend Schaubergwerke laden ein, sich in der Unterwelt umzusehen. Gern angenommen wird auch die Gelegenheit zur literarischen Spurensuche. Ein grenzüberschreitender Rundwanderweg macht mit den Lebensstationen des Volkssängers und -dichters Anton Günther (1876–1937) bekannt, auf einer anderen Wanderung geht es um den sächsischen Oberindianer Karl May, der 1842 in Ernstthal das Licht der Welt erblickte.

Getreu dem Motto „ohne Berge keine Abfahrten" ist die Gegend bei Radlern beliebt. Nicht zu vergessen die Reiter, Badefreunde, Segler, Surfer, Angler, Kletterer, Gleitschirmflieger. Und die Kräuter-, Pilz- und Beerensammler. Man kann sich allerdings auch in einem Restaurant, das etwas auf sich hält, „Schwammelsuppe" und „Heidelbeergetzen" bestellen, ohne selber in den Wäldern die Zutaten zusammensuchen zu müssen. Apropos „Getzen". So werden im Erzgebirge verschiedene einfache, meist fleischlose Gerichte, also einstige Arme-Leute-Essen genannt. Im obigen Falle bildet ein aus Mehl, Eiern, Milch und Salz bereiteter Teig das Bett für die Beeren. Nach dem Backen wird das Ganze mit Zimt und Zucker bestreut. Es schmeckt herrlich!

... als auch im Winter, wenn es schneit

Die Wintersportler des Vogtlandes und des Erzgebirges betreiben eine besondere Art des Sammelns, nämlich die von Titeln bei Weltcups, Europa- und Weltmeisterschaften, sowie Olympiaden. Beteiligt sind Skispringer, Langläufer und Nordische Kombinierer, Biathleten, Bobfahrer und Rennrodler. Der bekannteste ist Jens Weißflog, der zunächst auf den Schanzen

Wie man sieht, wird hier, am Bahnhof Jöhstadt, mächtig Dampf abgelassen. Der erste Zug im Preßnitztal fuhr 1892. Nach der Stilllegung der Schmalspurbahn im Dezember 1986 haben Eisenbahnfreaks kurze Zeit später die Strecke zwischen Steinbach und Jöhstadt als Museumsbahn wiederaufgebaut.

der Welt den Ton angab und später als Co-Kommentator des Fernsehens bewies, dass er nicht nur den Absprung, sondern auch die Worte zu treffen weiß. Bleibt nur zu hoffen, dass in der 2006 eingeweihten Vogtland Arena in Klingenthal, die sich der derzeit modernsten Schanze der Welt rühmen kann, bald auch wieder Deutsche auf dem Podest stehen. So, wie es bei den Wettbewerben auf der Bob- und Rennrodelbahn in Altenberg seit langem schöne Selbstverständlichkeit ist. Dort kann man übrigens nicht nur zuschauen, sondern selbst mitmachen. Und zwar mit einem erfahrenen Piloten am Lenkseil die kurvenreiche Eisrinne herunterrasen.

Den Skifahrern stehen etwa 70 unterschiedlich schwere Hänge zur Verfügung. Zentrum des alpinen Wintersports ist Oberwiesenthal mit der FIS-Slalompiste am Fichtelberg. Die Gesamtlänge aller gespurten Loipen beträgt rund 1000 Kilometer. Die mit 36 Kilometern anspruchsvollste verläuft auf dem Kamm und verbindet das erzgebirgische Johanngeorgenstadt mit dem vogtländischen Schöneck. Ende März/Anfang April, wenn die Berge noch ihr Schneekleid tragen, feiert im tiefer gelegenen Drebach der Frühling schon sein Comeback – und zwar mit einer Blütenorgie Tausender „Nackter Jungfern" – wie die Krokusse im Volksmund genannt werden.

Seite 22/23:
Die erste urkundliche Erwähnung von Sayda erfolgte 1207. Die Ortschaft verdankt ihren Aufstieg zum florierenden Handelsplatz ihrer Lage an der Alten Salzstraße (Böhmischer Steig), die Halle und Prag miteinander verband. Heute zählt Sayda rund 2000 Einwohner.

Seite 24/25:
Blick vom Turm der Annenkirche in Annaberg-Buchholz. Die beiden ursprünglich selbstständigen Städte schlossen sich erst nach dem Zweiten Weltkrieg auf Anordnung der sowjetischen Militärverwaltung zusammen.

3
99 1590-1

SCHLECKER

Volksbank Erzgebirge eG

Der Chemnitzer Theaterplatz in abendlicher Illumination. Links das König-Albert-Museum mit den städtischen Kunstsammlungen, in der Mitte das Opernhaus. Für beide Gebäude lieferte Richard Möbius die Pläne. Im Gegensatz zur fast völlig zerstörten Oper blieb die neogotische Petrikirche (1888) im Zweiten Weltkrieg fast unbeschadet.

Landschaftlich gesehen ist das Vogtland ein ständiges Auf und Ab von Bergen, Hügeln und Tälern. Die Übergänge sind oft fließend: Das eine ist noch nicht zu Ende, beginnt schon das andere. Für die Eisenbahn wurde der Bau besonders vieler Brücken erforderlich. Um das Tal der Göltzsch zu überqueren, bedurfte es Mitte des 19. Jahrhunderts der im Aussehen an ein Aquädukt aus der Römerzeit erinnernden größten Ziegelsteinbrücke der Welt.
Ausgehend von ihrem Stammsitz, der heute thüringischen Osterburg, machten sich vor etwa 800 Jahren die Vögte breit. Während sich die neugegründeten Siedlungen, von denen bezeichnenderweise jede fünfte auf -grün endet, in den riesigen Wäldern versteckten, agierte Heinrich der Ältere von Plauen auf der Bühne der großen europäischen Politik. Rettete nach der verheerenden Niederlage von Tannenberg (1410) den Deutschordensstaat vor der völligen Zerschlagung.
Die im Vogtland entspringende Zwickauer Mulde trägt den Namen der Stadt, der sie allerdings erst ein ganzes Stück nach ihrer Geburt begegnet. Zeit genug, um alle möglichen Abwässer aufzunehmen. Doch so wie der Fluss wieder zu leben begonnen hat, blüht auch Zwickau auf. Ist nicht nur als Geburtsstadt Robert Schumanns oder als einziger deutscher Standort, in dem seit 1904 bis heute ohne Unterbrechung Autos gebaut werden, eines Besuches wert.
Gemessen an seiner Vergangenheit, die Karl-Marx-Stadt hieß, hat Chemnitz eine bemerkenswerte Entwicklung vollzogen. Wer die Stadt von früher kennt, kommt angesichts der vielen Verwandlungen aus dem Staunen nicht heraus. Vernachlässigte oder zweckentfremdete Gebäude, die damals gar nicht wahrgenommen wurden – so die Markthalle oder die Fachwerkhäuschen am Fuße des Schlossberges – sind nun Blickfang.

HEUTE
ARIADNE AUF NAXOS
KÖNIGIN

Linke Seite:
Das Zoephelsche Haus, eines der ältesten Gebäude von Oelsnitz, beherbergt heute die Stadtbibliothek und das Fremdenverkehrsamt. Dahinter ragen die Doppeltürme der Jakobikirche über 73,5 Meter in den Himmel. Das mehrmals abgebrannte Gotteshaus wurde zuletzt in den Sechzigerjahren des 19. Jahrhunderts wiederaufgebaut.

Die unmittelbar an der Bundesautobahn 72 gelegene Talsperre Pirk wird von der Weißen Elster gespeist. Das zwischen 1935 und 1938 errichtete Bauwerk dient sowohl der Wasserversorgung als auch dem Hochwasserschutz und der Energieerzeugung.

Das Königliche Kurhaus in Bad Elster wurde von 1888 bis 1890 im Stil der Neorenaissance errichtet. Die Pläne lieferte Landbaumeister Trobsch aus Zwickau.

Nach langer Sanierungszeit erlebt das 1914 seiner Bestimmung übergebene neoklassizistische König-Albert-Theater seit Mai 2004 seinen zweiten Frühling. Hier der Außenbereich des Theatercafés.

Rechte Seite: *Motivreich und farbenprächtig: die Kuppelhalle des Albert-Bads in Bad Elster, das 1908 nach einem Entwurf der Dresdner Architekten Rudolf Schilling und Julius Graebner erbaut wurde.*

Oben:
Die im Herzen des Kurparks gelegene Festhalle ist das kulturelle Zentrum von Bad Brambach. Hier gastieren sowohl die Chursächsische Philharmonie als auch andere bekannte Ensembles, Künstler und Artisten.

Rechts:
Die nach Bad Brambach eingemeindete Ortschaft Schönberg ist vor allem durch den Grenzübergang nach Tschechien (Vojtanov) bekannt, besitzt aber auch ein schönes Schloss.

Oben:
Der historische Kurpark von Bad Elster wurde um 1850 angelegt. Er umfasst ein Arreal von etwa 50 Hektar – mit Themengärten und altem Baumbestand sowie wunderschöner Bäderarchitektur der Gründerzeit und des Jugendstils.

Links:
Zu der Bade- und Saunalandschaft „Aquadon“ in Bad Brambach gehören unter anderem eine überdachte Schwimmhalle, ein wohltemperiertes Außenbecken und eine Cafeteria.

Heilende Wasser – Bad Brambach und Bad Elster

Bad Brambach kann sich der stärksten Radonquelle der Welt rühmen. Entdeckt wurde diese 1910. Zwei Jahre später setzte der Kurbetrieb ein. Ab 1922 durfte sich das Dorf Bad nennen. Erschlossen wurden insgesamt sechs eisenhaltige Kohlendioxid-Radon-Mineralquellen, die sich, obwohl in der chemischen Zusammensetzung ähnlich, geschmacklich durchaus unterscheiden.
Bevor die Gäste zu den heilenden Wassern kamen, reisten diese, in Flaschen verpackt, zu ihnen. Initiiert durch Christian Schüller, der um 1890 einen Mineralwasserversand gründete. Da die Öffentlichkeit den Namen Goethe mit den böhmischen Bädern verband, musste für die hiesige Quelle Herr Schiller herhalten. Der hatte zwar auch in Böhmen gekurt, dort aber, im Gegensatz zu seinem Dichterkollegen, alle spektakulären Auftritte vermieden. Dafür machte seine posthume Verquickung mit dem Brambacher Wasser Furore. Schon zwei Jahrzehnte nach seiner Gründung brachte das Unternehmen jährlich mehr als zwei Millionen Flaschen an den Mann/die Frau und exportierte sogar nach Übersee.
Seither hat sich in Bad Brambach viel getan. Die alten Kureinrichtungen wurden nach der deutschen Wiedervereinigung grundlegend saniert, neue – wie die Bade- und Saunalandschaft AQUADON – kamen hinzu. Und obwohl Schiller als Werbeträger inzwischen ausgeschieden ist, erfreut sich das Mineralwasser anhaltend großer Nachfrage. Kaum auszudenken, wenn es auch noch jenes alte Brauhaus am Markt gäbe, dessen Besitzer der Sage nach einem Brauburschen den Willkommenstrunk verweigerte, worauf dieser – mitten im Sommer – durch Zauberkraft das Bier so fest gefrieren ließ, dass es erst drei Monate später wieder auftaute. Doch da war der Ruf des Geizkragens bereits ruiniert.

Armer Kurgast

Die erste Analyse der seit dem Mittelalter bekannten Quellen von Elster erfolgte 1699. Der Plauener Stadtarzt Georg Leisner fand in dem „liebliche(n) Säuerling“ eine „Eyßenschicht“, „Vitriolium“, ein „fixes Crystalinisch Salz“ sowie ein „gantz süsses volatilisches oder flüchtiges Salz“, dessen Entstehung er mangels anderer Erklärungen der Sonne, dem Mond und den Sternen zuschrieb. Mit dem Bad meinten es diese allerdings nicht ganz so gut. Bis zur Mitte des 19. Jahrhunderts tat sich hier kaum etwas. Erst nachdem der sächsische Staat 1849 die Sache in die Hand nahm, ging es allmählich aufwärts. 1854 wurden schon knapp 800 Gäste gezählt, darunter Ihre Königliche Hoheit, die Kronprinzessin von Sachsen. Aus dieser Zeit stammt auch ein bemerkenswertes Büchlein mit diversen Ratschlägen und Verhaltensregeln für eine erfolgreiche Kur. Dr. Kohl, der hiesige Badearzt, legte den Gästen – auch bei den „erlaubten Vergnügungen“ – absolute Mäßigung ans Herz. So sollte die Lektüre keinesfalls aufregenden, sondern nur „unterhaltende(n) und humoristische(n) Charakter“ haben. Auch empfahl er den „gesellige(n) Umgang und die angenehme Unterhaltung mit geistreichen Personen (besonders mit Damen)“. Die Begegnungen dürften aber keinesfalls zum „Genuss der Geschlechtsliebe“ führen, da diese der Gesundheit ebenso abträglich sei wie das „Kartenspiel, wodurch so viele die Seele beunruhigende Leidenschaften rege gemacht werden und der Körper auf längere Zeit zum Sitzen gezwungen wird“. Wie man sich an den Fingern abzählen kann, blieb bei konsequenter Befolgung dieser Ratschläge dem Wasser kaum noch etwas zum Heilen übrig...
Das historische Kurviertel von Bad Elster ist klein, aber fein. Während das Anfang des 19. Jahrhunderts errichtete Albert-Bad an eine barocke Schlossanlage erinnert, zitiert das 1888/90 von dem Zwickauer Landbaumeister Trobsch errichtete Königliche Kurhaus die Renaissance. Ebenfalls dem Historismus verpflichtet ist das König-Albert-Theater, das 2014 seinen hundertsten Geburtstag feiern kann. Schließlich gibt es noch ein bemerkenswertes Zeugnis der Bauhausarchitektur zu bewundern: die KunstWandelhalle mit der Moritz- und der Salzquelle datiert von 1928/29.

Links:
Das an ein barockes Schloss erinnernde Albert-Bad in Bad Elster kann sich zu jeder Jahreszeit sehen lassen.

Oben:
Historismus und Jugendstil: Die Schwimmhalle des Zwickauer Johannisbades ist rund 100 Jahre alt.

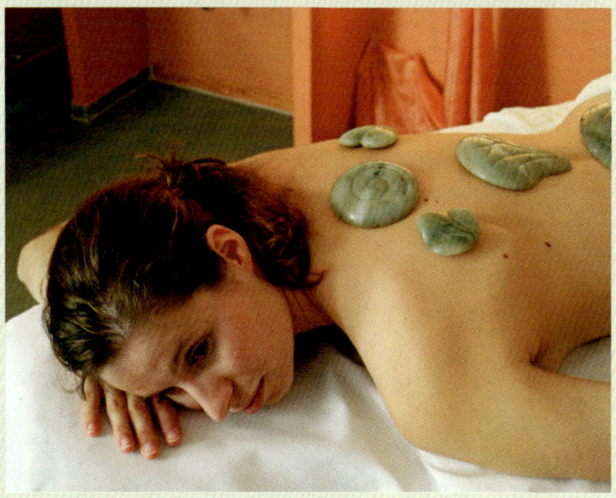

Kleine Bilder rechts, von oben nach unten: *Das Albert-Bad in Bad Elster beherbergt unter anderem das Kurmittelhaus, eine Sauna-Landschaft, ein großzügiges Bewegungsbad sowie eine Moorabteilung.*

Offensichtlich sind nicht nur die zu beneiden, die auf Rosen gebettet sind, sondern auch jene, die hier, im Albert-Bad, in Rosen baden ...

Die Schillerquelle ist eine von fünf Heilquellen, die den Gästen von Bad Brambach zur Verfügung stehen.

In der Bad Brambacher Bade- und Saunalandschaft „Aquadon" gibt es die verschiedensten Gelegenheiten, Körper und Geist Gutes zu tun.

Rechts:
Als traditionsreiches Zentrum des vogtländischen Musikinstrumentenbaues ist Markneukirchen in aller Welt bekannt. Die neuromanische St. Nicolai-Kirche im Hintergrund des Bildes wurde 1848 geweiht.

Unten:
Einer im Jahre 1738 begründeten Familientradition folgend, eröffnete Udo Kretschmann 1994 in Markneukirchen eine Werkstatt, in der nicht nur Geigen, sondern auch Gamben und andere historische Instrumente gefertigt und repariert werden.

Oben:
Das zwischen 1784 und 1789 errichtete spätbarocke „Paulusschlössel" in Markneukirchen beherbergt seit 1941 ein sehenswertes Musikinstrumentenmuseum mit vielen Raritäten.

Links und ganz links:
Den Kunden von Jürgen Voigts Meisterwerkstatt für Metallblasinstrumente in Markneukirchen kommen die Erfahrungen von acht Generationen zugute. Neben Konzertposaunen werden hier auch Trompeten, Schalmeien und Fanfaren hergestellt.

Oben:
Das Vogtländische Freilichtmuseum Landwüst geht auf die Sammelleidenschaft und das Engagement des einheimischen Bauern Walter Wunderlich zurück. Gezeigt wird die Arbeits- und Lebensweise der Menschen vom Anfang des 19. bis in die erste Hälfte des 20. Jahrhunderts – mit funktionsfähigen Werkstätten des bäuerlichen Handwerks, blühenden Hausgärten und einigen Tieren alter Rassen.

Rechts:
Gefeiert wird ebenfalls in Landwüst. Zum Beispiel der „Tag des vogtländischen Handwerks", der „Imkertag" und Erntedank. Großer Beliebtheit erfreut sich die Veranstaltungsreihe „Musik aus der Scheune".

Oben:
Eröffnet wurde das Vogtländische Freilichtmuseum in Landwüst bereits 1968. Vogtländische Spezialitäten oder selbstgebackenen Kuchen genießt man in der „Einkehrstube“ des Museums oder bei schönem Wetter im Freien.

Links:
Zahlreiche Gegenstände aus alter Zeit – hier ein Webstuhl – zeugen von der Arbeits- und Lebensweise der vogtländischen Landbevölkerung. So musste neben der Landwirtschaft oft noch ein anderes Handwerk betrieben werden.

Linke Seite:
Skihang in Klingenthal/Mühlleiten. Das bis zu 830 Meter hoch gelegene traditionsreiche Wintersportgebiet wurde vor allem durch die Internationalen Damenskirennen (Langlauf) bekannt, die erstmals 1965 ausgetragen wurden.

Die legendäre Aschbergschanze in Klingenthal gibt es nicht mehr. Dafür aber die Vogtlandarena mit Europas modernster Großschanze. Die Anlage ist nicht nur Trainings- und Wettkampfstätte, sondern auch Austragungsort kultureller Veranstaltungen aller Art.

Die 36 Kilometer lange Kammloipe zwischen dem vogtländischen Schöneck und Johanngeorgenstadt im Westerzgebirge gilt als eine der schneesichersten Langlaufstrecken im deutschen Mittelgebirgsraum. Am Internationalen Kammloipenlauf von Klingenthal nehmen jährlich Hunderte von Langläufern teil.

Der Schneckenstein, ein rund 23 Meter hoher Topasfelsen nahe der gleichnamigen Ortschaft, war früher dreimal so groß wie heute. Der Abbau wurde 1800 gestoppt. Seit 1938 steht der Schneckenstein als Naturdenkmal unter Schutz.

Rechte Seite:
Die historistische Martin-Luther-Kirche in Tannenbergsthal wurde zwischen 1909 und 1910 errichtet. Ihr Äußeres zitiert Romanik und Renaissance, der Innenraum den Jugendstil.

GEALAN
omas Adler
nsterbau
Hel
Zuga
2a - 10a

Linke Seite:
Das Perlmuttmuseum im Freiberger Tor in Adorf besitzt die wohl größte Sammlung von Flussperlmuscheln in Deutschland. Gezeigt werden sowohl deren vogtländischer Lebensraum als auch kunsthandwerkliche Meisterstücke der Muschelverarbeitung.

Adorf, das „Tor zum Oberen Vogtland", ist eine Gründung oberpfälzischer Siedler. So geschehen um 1200. In einer Urkunde von 1293 wurde der Ort erstmals als Stadt bezeichnet. Heute hat Adorf rund 5300 Einwohner.

Der Hirte von Adorf heißt Rolf Zahn. Er und seine Schafe sind auf den nahe der Ortschaft gelegenen Fluren unterwegs.

Oben und rechts:
Der historische Zwickauer Hauptmarkt aus unterschiedlichen Perspektiven gesehen. Einmal von ebener Erde und ein andermal aus luftiger Höhe – und zwar vom Turm der auch als Dom bezeichneten spätgotischen Pfarrkirche St. Marien.

Oben:
Die Zwickauer Kneipengasse erfreut sich zu allen Jahreszeiten großen Zuspruchs. Am schönsten ist es hier natürlich im Sommer, wenn man auch abends draußen sitzen kann.

Links:
Die Zwickauer „Priesterhäuser" gehören zu den ältesten Wohnbauten Deutschlands. Die „1. Zwickauer Gasthausbrauerei & Brennerei" hätte also ein besseres Domizil nicht finden können.

Links:
Der Baubeginn von St. Marien in Zwickau lag im frühen 15. Jahrhundert (Westturm). Den Abschluss im Jahre 1677 bildete der Turmaufsatz. Die Wölbung der großen dreischiffigen Hallenkirche wird von zehn schlanken Pfeilern getragen.

Unten:
Der herrliche Marienaltar der Marienkirche von Zwickau stammt aus der Nürnberger Werkstatt von Michael Wolgemut, dem Lehrer von Albrecht Dürer. Geliefert wurde er im Jahre 1479.

Ganz unten:
Mit drei Gesichtern und sechs Augen sieht man offenbar besser. Ungewöhnlicher Gewölbeschlussstein in St. Marien zu Zwickau.

497 19
327
443
359
497 13
499
497 19-
327
443 6-7
359
497 13-

499
497 19
327
443 6+7
359
497 13

Das rund 400 Jahre alte Fachwerk-Schloss in Treuen steht auf den Mauern eines wesentlich älteren Vorgängerbaues. In den nicht einmal zehn Jahren seines Bestehens hat das Schlossfest auf dem Veranstaltungskalender der Region einen festen Platz erobert.

Seite 50/51:
Blick in die unter dem Patronat des heiligen Bartholomäus stehende Stadtkirche von Treuen. Der schlichte klassizistische Saalbau wurde im Jahre 1809 geweiht.

Oben:
Zum Feuerwehrjubiläum in Falkenstein wurden historische Löschfahrzeuge gezeigt. Sehenswert sind in der Kleinstadt auch der Tierpark und das Schloss mit Schlossfelsen.

Links:
Plohn, Sachsens erster Familien-Freizeitpark, verspricht Action, Fun und Abenteuer. Neben Wildgehegen mit Bisons und Dammwild erwarten die Besucher unter anderem eine Kinderachterbahn, eine Drachenschaukel, Funny Boats – und dieser Saurier.

Links:
Die Göltzschtalbrücke ist eines der großartigsten Zeugnisse des Eisenbahnzeitalters in Deutschland. Ihre Höhe beträgt 78 Meter, ihre Spannweite 574 Meter. Errichtet wurde sie Mitte des 19. Jahrhunderts für die zwischen Hof und Leipzig/Dresden verkehrenden Züge. Und sie ist nach wie vor in Betrieb.

Unten:
Mylau wird von der Burg und der Stadtkirche überragt. Während erstere im Kern aus dem 12. Jahrhundert datiert, stammt das neogotische Gotteshaus vom Ende des 19. Jahrhunderts.

Oben:
Die 1212 erstmals urkundlich erwähnte Stadt Reichenbach wurde als Zentrum der Garnspinnerei bekannt. 1697 wurde hier Friederike Caroline Neuber geboren. Die „Neuberin“ erwarb sich als Schauspielerin und Prinzipalin bleibende Verdienste um das deutsche Theater.

Oben:
Die zwischen 1958 und 1964 erbaute Talsperre Pöhl dient sowohl dem Hochwasserschutz und der Brauchwasserversorgung als auch der Energieerzeugung und der Erholung. Bei normalem Stand bedeckt das Wasser eine Fläche von knapp vier Quadratkilometern.

Rechts:
Die Talsperre Pöhl bietet die verschiedensten Möglichkeiten zur Freizeitgestaltung. Dem Hunger und Durst kann man entweder in einem der Gasthöfe abhelfen, oder man entscheidet sich für ein Picknick in der Natur.

Ganz links:
Ein altes Gehöft aus dem 17. Jahrhundert liefert dem nahe der Talsperre Pöhl gelegenen Restaurant „Lochbauer“, das auch über romantische Zimmer verfügt, den rechten Rahmen.

Links und unten:
Obwohl die Talsperre Pöhl nicht allzu groß ist, gibt es auch in der Feriensaison oder an den Wochenenden nicht nur Getümmel, sondern auch ruhige Plätze, an denen man die von Menschenhand geschaffene Wasserlandschaft genießen kann.

Linke Seite:
Die Alte Elsterbrücke in Plauen soll die älteste Brücke Sachsens sein, Mitte des 13. Jahrhunderts wurde sie zum ersten Mal erwähnt. Dahinter erhebt sich die Johanniskirche. Das jetzige Gotteshaus wurde zu Beginn des 13. Jahrhunderts errichtet, danach mehrmals umgebaut und nach den schweren Beschädigungen im Zweiten Weltkrieg praktisch neu aufgebaut.

Wahrzeichen von Plauen ist das von einem Meister aus dem Umkreis des Arnold von Westfalen errichtete spätgotische Rathaus mit Vorhangbogenfenstern und einem mehrgeschossigen Renaissance-Pilastergiebel.

Einen lauen Sommerabend in Plauens Altstadt genießt man hier in einem kubanischen Restaurant am Unteren Graben. Bekannt ist die größte Stadt des Vogtlandes durch die Plauener Spitze.

Rechts:
Das Alte Rathaus in Chemnitz wendet seine repräsentative Seite mit einem Turm dem Markt zu. Es wurde Ende des 15. Jahrhunderts an der Stelle hölzerner Vorgängerbauten errichtet.

Ganz rechts:
Am Jacobikirchplatz. Die älteste erhaltene Kirche von Chemnitz stammt aus dem 14. Jahrhundert.

Rechts und ganz rechts:
Blick auf den Wandelgang und den Stadtverordnetensaal des zwischen 1907 und 1911 nach Plänen von Richard Möbius errichteten Neuen Rathauses in Chemnitz. Das monumentale Wandgemälde „Arbeit = Wohlstand = Schönheit“ schuf Max Klinger.

Rechte Seite:
Der Hohe Turm des spätgotischen Alten Rathauses von Chemnitz ist wahrscheinlich älter als der restliche Bau. Vermutlich stammt er aus der Zeit um 1200 und war Teil einer innerstädtischen Befestigung.

Unten:
Das Haus der Gesundheit (ehemalige Esche-Fabrik) in Chemnitz-Kaßberg. Das bevölkerungsreichste Viertel der Stadt – mit 480 Bauwerken der Gründerzeit, des Jugendstils und der Neuen Sachlichkeit – ist seit 1991 als Flächendenkmal ausgewiesen.

Rechts:
Das sogenannte Majolikahaus ist eines der auffälligsten Gebäude auf dem Chemnitzer Kaßberg. Es wurde um 1910 an der Barbarossastraße errichtet.

Klein, aber fein: Die westlich von Chemnitz, an der alten Straße nach Altenburg gelegene Burg Rabenstein gibt es seit dem 12. Jahrhundert. Sie gilt als kleinste Burg Sachsens und ist heute eine Außenstelle des Schlossbergmuseums Chemnitz.

Oben:
Die nahe der Markthalle gelegene Chemnitzer Bierbrücke erhielt ihren Namen im 16. Jahrhundert, als über sie die Fässer mit dem frischgebrauten Bier in die Keller auf dem Kaßberg gebracht wurden.

Links:
Der Chemnitzer Schlossteich war ursprünglich ein Fischteich und gehörte zum 1136 gegründeten Benediktinerkloster. Angelegt wurde er 1493 auf Initiative des Abtes Heinrich von Schleinitz.

Unten:
Das ein paar Kilometer südöstlich von Chemnitz, auf der Kuppe des Schellenbergs thronende Schloss Augustusburg wurde nach dem Bauherrn, Kurfürst August von Sachsen (1526–1585), benannt. Die Bauleitung lag in den Händen des Architekten Hieronymus Lotter.

Rechts oben:
Ein Falkner bei der Vorführung auf Augustusburg. Das Jagdschloss beherbergt seit dem Jahre 1992 den Sächsischen Adler- und Jagdfalkenhorst.

Rechts Mitte:
Schloss Augustusburg ist Sitz des größten Zweiradmuseums Europas. Die Oldtimerautos, die hier gerade Station machen, gehören zu einer Ralley.

Rechts unten:
Auch ein Kutschenmuseum gibt es auf Schloss Augustusburg. Im ehemaligen Stallgebäude sind diverse historische Fahrzeuge – darunter noble Staatswagen – ausgestellt.

Das wohl bekannteste Fotomotiv des Erzgebirges ist die Seiffener Dorfkirche, ein barocker Zentralbau mit hohem Zeltdach und Glockentürmchen, der 1799 fertig gestellt wurde. Die originale Innenausstattung mit den vier umlaufenden Emporen blieb weitgehend erhalten.

Nicht wenige Autoren wollen im Erzgebirge jenen geheimnisvollen alten Wald namens Miriquidi gefunden haben, der – allerdings ohne konkrete Lokalisierung – sowohl 974 in einer Urkunde Kaiser Ottos II. als auch in der ein Vierteljahrhundert später entstandenen berühmten Chronik des Thietmar von Merseburg erwähnt wird. Die Spur führt in die germanisch-nordische Mythologie. Der Forst, den die beiden Söhne des Riesen Muspell beim entscheidenden Kampf mit den Göttern als Aufmarschgebiet nutzten, trägt den Namen Myrkvidr.

Danach verschwanden die großwüchsigen Kraftprotze aus dem Erzgebirge. Was sollten sie auch in den niedrigen und engen Stollen ... Stattdessen schlug die große Stunde der Berggeister – mit denen jedoch in der Regel ebenfalls nicht gut Kirschenessen war. Diese Erfahrung musste ein Schneeberger Knappe sogar mit seinem Leben bezahlen. Der mysteriöse Tod des Mannes im Jahre 1538 veranlasste Kurfürst Johann Friedrich, eine Untersuchungskommission einzusetzen.

Die Reise in die erzgebirgische Sagenwelt ist nur eines von vielen interessanten Angeboten entlang der 140 Kilometer langen Silberstraße, Sachsens erster, längster und beliebtester Ferientrasse. Geschichte und Traditionen finden ebenso Berücksichtigung wie Wissenschaft, Handwerk, Kunst und Kultur. Und: Es gibt eine ganze Reihe Feste zu feiern, deren Höhepunkte die Bergparaden sind. So kommt man Land und Leuten ganz nahe. Lernt idyllische Dörfer und bekannte Bergstädte kennen, entdeckt die erzgebirgischen Wehrkirchen – so in Großrückerswalde, Dörnthal und Mauersberg – und die zahlreichen Burgen und Schlösser. Der wohl schönsten Lage darf sich Wolkenstein rühmen. Burg und Städtchen balancieren auf einem hohen Felssporn, um dessen Fuß die Zschopau eine blaue Flussschleife windet.

Linke Seite:
Das Schneeberger Lichtelfest, das alljährlich am zweiten Adventswochenende gefeiert wird, ist ein echter Besuchermagnet. Die Gäste kommen aus allen Teilen des Landes. Hier der Blick vom Rathausturm über den Markt hinauf zur Kirche St. Wolfgang.

Ob auf der Bühne vor dem Rathaus oder auf dessen Turm, auf dem Markt oder in der Wolfgangskirche, ob Volksmusikanten, Bergmannskapellen, Turmbläser oder Kurrende-Sänger – auf dem Schneeberger Lichtelfest wird das alte Sprichwort, dass den Erzgebirglern die Musik in die Wiege gelegt wird, eindrucksvoll bestätigt.

Oben:
Skihang in Oberwiesenthal. Die am Fuße des Fichtelbergs gelegene Ortschaft zählt zu den meistbesuchten Wintersportzentren im Osten Deutschlands. Bekanntester Einwohner des gerade einmal 2500 Seelen zählenden Städtchens ist der Skispringer Jens Weißflog.

Rechts:
In Oberwiesenthal gibt es Pisten unterschiedlichster Schwierigkeitsgrade, auf denen sowohl Skifahrer als auch Snowboarder auf ihre Kosten kommen. Und die ganz Kleinen müssen ebenfalls nicht außen vor bleiben.

Oben:
Wintersport-Freuden in Eibenstock. Den Besuchern der zwischen 650 und 780 Meter hoch gelegenen Skiarena stehen vier Lifte zur Verfügung.

Links:
Der Auersberg, Sachsens zweithöchster Berg, ist 1019 Meter hoch. Das heißt, im Winter liegt hier eine Menge Schnee. Der historische Berggasthof gilt als älteste Sommerfrische des gesamten Erzgebirges.

Oben:
Blick auf das tiefverschneite Oberwiesenthal. Die höchstgelegene Stadt Deutschlands (914 Meter) ist seit 1936 Kurort. Sie wurde, nachdem man ein Jahr zuvor auf Silbererz gestoßen war, 1526 unter dem Namen Neustadt am Wiesenthal gegründet.

Rechts:
Eine der großen Attraktionen der Region ist die zwischen Oberwiesenthal und Cranzahl verkehrende Fichtelbergbahn. Die Spurbreite beträgt 750 Millimeter, die Streckenlänge 17,34 Kilometer, die Höchstgeschwindigkeit 30 Kilometer pro Stunde.

Links:
In der Umgebung der Bergstadt Jöhstadt, die 1655 das Stadtrecht verliehen bekam, wurde sowohl Eisen als auch Silbererz gefördert. Die den Ort überragende Salvatorkirche, im Kern ein Renaissancebau, stammt aus dem Jahre 1677.

Unten:
Verschneite Landschaft bei Oberwiesenthal. Die Winter im Erzgebirge waren schon immer hart. „Anno 1643 im langen Winter platzten die Nägel. Am Osterfest konnte man im tiefen Schnee mit dem Schlitten zur Kirche fahren, und es gefror durch den ganzen Mai“, heißt es in einer alten Wetteraufzeichnung.

Die erste Postkutsche fuhr 1720 von Leipzig über Oberwiesenthal nach Karlsbad. Anknüpfend daran wurde ab 1939 eine weitere als Touristenattraktion zwischen Oberwiesenthal und Johanngeorgenstadt eingesetzt. Diese vierspännige Kutsche war lange verschollen. Nach ihrer Auffindung und Restaurierung ist sie seit 1990 wieder im Einsatz.

Links:
Das „Fichtelberghaus" auf Sachsens höchstem Berg ist nur zu empfehlen. Das familiengeführte Unternehmen hat nicht nur große, schöne Zimmer, sondern auch eine mehrfach ausgezeichnete Küche. Und die Bergstation der Fichtelberg-Seilbahn direkt vor der Haustür.

Unten:
Vom Gipfel des Fichtelbergs bietet sich ein grandioser Rundblick über die umliegenden Berge und Wälder. Dort laden gut ausgeschilderte Wege und Pfade zum Wandern ein.

Auf schmaler Spur über Berg und Tal: Eisenbahnnostalgie

Dampflokomotiven sind die Dinosaurier des Industriezeitalters. Im Unterschied zu den frühen Reptilien konnte ein Teil von ihnen dem Untergang, sprich: der Stilllegung, entgehen, ein anderer wurde wiederbelebt. Das betrifft sowohl die großen, breiträdrigen als auch die kleineren, eleganteren auf schmaler Spur. Letztere sind im Erzgebirge/Vogtland noch auf vier Strecken unterwegs. Da es ein solch dichtes Nebeneinander kein zweites Mal gibt, ist der Andrang groß. Und zwar nicht nur von Technikfreaks und bekennenden Nostalgikern.

Die meisten kommen aus Neugierde, ohne zu wissen, was sie eigentlich erwartet. Und reagieren mit glänzenden Augen und erhöhtem Puls auf die Wunderwelt. Staunen, wie sehr sich diese Bahnen von *der* Bahn unterscheiden. Nicht nur, was Pünktlichkeit und Sauberkeit von Zügen und Bahnhöfen betrifft, sondern auch in vielem anderen. Zum Beispiel, dass hier oft und laut gepfiffen wird. Und zwar sowohl vom Schaffner als auch von der Lokomotive. Und sie erschrecken nicht wenig, wenn zum ersten Mal Dampf abgelassen wird und der Zug in einer großen grau-weißen Wolke zu verschwinden droht. Zudem nehmen sie viel stärker die holprigen Schienen, das Rattern der Räder, das Schaukeln in den Kurven, das Kreischen der Bremsen wahr. Wundern sich, dass man das Fahren dieser Züge nicht nur sehen, sondern ebenso fühlen, hören, riechen und sogar schmecken kann. Und stellen fest, dass auch eine Lokomotive nicht ohne Pause auskommt und, bevor es weitergeht, ihren Durst stillen muss. Zum Ende herrscht jedenfalls große Einigkeit darüber, dass das Erlebnis, auf schmaler Spur von Dampf bewegt zu werden, zugleich ein sinnliches ist.

„Is Bahn'l lebt!"

Die Weißeritztalbahn rühmt sich, die „älteste öffentliche Schmalspurbahn Deutschlands" zu sein. Verbindet sie doch seit dem 3. September 1883 Hainsberg (Freital) mit dem Kurort Kipsdorf (Altenberg). Dabei muss sie auf der 26 Kilometer langen Strecke 34 Brücken überqueren sowie eine maximale Steigung von 28,8 Prozent bewältigen, darf sich jedoch auf 13 Bahnhöfen etwas ausruhen.

So zumindest bis zum 12./13. August 2002, als bei dem verheerenden Jahrhundertunwetter die Gleise im wahrsten Sinne des Wortes den zu einem reißenden Strom gewordenen Bach hinuntergingen. Nachdem erst Ende 2008 und nur auf einem Teilabschnitt der Bahnverkehr wiederaufgenommen wurde, hoffen Einheimische wie Besucher, dass der Ausbau des verbleibenden Parts nicht ebenso lange auf sich warten lässt.

Probleme anderer Art gab es bei der Wiederbelebung zweier weiterer Schmalspurbahnen, die nicht durch Naturgewalten, sondern wegen mangelnder Wirtschaftlichkeit stillgelegt wurden. So blieben von der 23 Kilometer langen Preßnitztalbahn, die von 1892 bis in die Achtzigerjahre des vergangenen Jahrhunderts zwischen Wolkenstein und Jöhstadt Schwerstarbeit verrichtete, gerade einmal die Dämme übrig – was jedoch etliche Enthusiasten nicht davon abhielt, ihren Traum von der Rückkehr alter Schmalspur-Zeiten zu verwirklichen. Dank ihrem Engagement verkehrt heute auf dem Teilstück Jöhstadt – Steinbach eine Museumsbahn.

Nicht weniger idealistisch ging es bei der Geburt einer weiteren Museumsbahn in Schönheide zu, wo viereinhalb Kilometer Gleiswege neu erstanden. Die Fahrzeit nach Neulehn und zurück beträgt, abhängig von der Fahrtrichtung, 20 oder 28 Minuten. Die Gäste im offenen Aussichtswagen mit Wernesgrüner Bierausschank können sich also bergauf ein Glas mehr genehmigen.

Wer beim Trinken und auch sonst nicht auf die Uhr schauen möchte, fahre mit der zwischen Oberwiesenthal und Cranzahl verkehrenden Fichtelbergbahn, die für die 17 Kilometer lange Strecke sowohl hin als auch zurück eine Stunde braucht. Doch nicht nur der Zug gibt sich alle Mühe, auch das Personal bestätigt einmal mehr das alte Wahrwort, dass die Sachsen freundliche Leute sind und es selbst dann bleiben, wenn ein Fahrgast meint, dass Dampfablassen nicht nur Sache der Lokomotive sei.

Links:
Für Eisenbahnfreunde gibt es kein Mindestalter. Und nach der „Arbeit" schmeckt die Bratwurst noch einmal so gut.

Oben:
Ein Zug der Preßnitztalbahn im Jöhstadter Bahnhof – Endstation wird Steinbach sein.

Rechts oben:
Der 110 Meter lange und 23 Meter hohe Hüttenbachtal-Viadukt der Fichtelbergbahn befindet sich direkt neben dem Oberwiesenthaler Bahnhof.

Rechts Mitte
Damit die Lokomotive in Jöhstadt nicht nur dampft, sondern auch fährt, braucht sie viel Pflege.

Rechts:
Die Weißeritztalbahn erschließt die wunderschöne, abwechslungsreiche Naturlandschaft des Osterzgebirges. Hier die Lokomotive 99 1771 beim Rangieren im Bahnhof Dippoldiswalde.

Linke Seite unten:
Wie der Name sagt, kann man auf der Allwetterbobbahn in Eibenstock zu jeder Jahreszeit ins Tal herunterrasen. Und zwar auf einer Länge von einem Kilometer und mit einer Höchstgeschwindigkeit von 40 Stundenkilometern. Erste Erwähnungen des Ortes finden sich im 14. Jahrhundert.

Bei der nach Eibenstock eingemeindeten Ortschaft Blauenthal befindet sich der größte Wasserfall Sachsens, der allerdings kein Werk der Natur ist, sondern von Menschenhand angelegt wurde.

Früher ein gewohntes Bild im Erzgebirge, heute fast ausgestorben: die Köhlerei. Hier die Mitarbeiter der Firma Marggraf in Sosa, wo auch der Europäische Köhlerverein e. V. beheimatet ist und jedes Jahr am letzten Juniwochenende ein Köhlerfest gefeiert wird.

Linke Seite oben:
Schwarzenberg, gerne „Perle des Erzgebirges" genannt, liegt klimatisch bevorzugt inmitten von Bergen und Hügeln am Naturpark Erzgebirge. Das Schloss Schwarzenberg und die St.-Georgen-Kirche thronen über der Stadt, die mit ihrem historischen Kern und vielen kulturellen Angeboten lockt.

Das Schaubergwerk „Glöckel" im Johanngeorgenstädter Stadtteil Wittigsthal war noch bis vor einem halben Jahrhundert in Betrieb. Das Original des heute wiederaufgebauten Pferdegöpels datiert von 1789. Mit Hilfe der Pferdekraft wurde das Silbererz aus einer Tiefe von 140 Metern nach oben befördert – bis zur Elektrifizierung im Jahre 1917.

Rechte Seite:
Das nach Eibenstock eingemeindete Dorf Sosa wurde wahrscheinlich um 1200 gegründet. Die Weihe der Kirche erfolgte 1617. Der Turm mit der barocken Haube kam erst rund acht Jahrzehnte später hinzu.

Oben:
Zschopau wurde durch seine Motorradwerke – erst DKW, dann MZ – weltweit bekannt. In der Burg Wildeck, die von dem „Dicker Heinrich" genannten Bergfried überragt wird, erinnert ein Motorradmuseum an die große Vergangenheit der Stadt.

Rechts:
Die im Tal der Zschopau gelegene Burg Scharfenstein wurde Mitte des 14. Jahrhunderts erstmals urkundlich erwähnt. Nach einem Brand im Jahre 1921 erfolgte unmittelbar danach der Wiederaufbau. Neben einem Weihnachts- und Spielzeugmuseum beherbergt die Burg auch eine Ausstellung über den legendären Wildschützen Karl Stülpner, der in Scharfenstein das Licht der Welt erblickte.

Oben:
Marienberg, 1521 als Tochterstadt von Annaberg gegründet, war eine der reichsten Ortschaften des Erzgebirges. Der große Markt wird von einem geometrischen Straßennetz umschlossen. Der heutige Bau der Stadtkirche St. Marien stammt von 1616.

Links:
Die Bergaufzüge und -paraden der Berg- und Hüttenleute haben im Erzgebirge ihren Ursprung. Auch nach dem Erliegen der Erzförderung pflegen die Bergknapp- und Brüderschaften bis heute diesen Brauch. In Marienberg am 3. Advent.

Die grandiose Felskulisse der Greifensteine liefert dem viel besuchten „Naturtheater Greifensteine" den romantischen Rahmen. Zwischen den Ortschaften Geyer und Ehrenfriedersdorf wird das Erzgebirge zum Wilden Westen und Winnetou und Old Shatterhand haben ihren großen Auftritt.

Landschaft bei Thalheim, einem knapp 7000 Einwohner zählenden Städtchen im Zwönitztal. Ende des 12. Jahrhunderts gegründet, erhielt der Ort erst im Jahre 1925 das Stadtrecht.

Rechte Seite:
Vom rund 90 Meter über dem Pockautal thronenden Katzenstein ergibt sich ein schöner Blick auf die Umgebung. Bevor ein Teil wegen Absturzgefahr abgetragen werden musste, ähnelte der bekannte Aussichtsfelsen tatsächlich einem Katzenkopf.

Unten:
Blick auf Annaberg-Buchholz – mit der Annenkirche als Dominante. Die Stadt Annaberg verdankt ihre Entstehung den Silberfunden am Schreckenberg. Knapp ein Jahrzehnt nach deren Entdeckung im Jahre 1492 zählte sie schon mehr Einwohner als Leipzig und Dresden zusammen.

Kleine Bilder rechts: *Es hat sich herumgesprochen, dass der Weihnachtsmarkt in Annaberg-Buchholz zu den schönsten und stimmungsvollsten im ganzen Erzgebirge zählt. Groß und Klein genießt die Atmosphäre und die Attraktionen. Die Besucher kommen oft von weither und nutzen die Gelegenheit, den Kauf eines typisch erzgebirgischen Souvenirs mit der Besichtigung der berühmten Kirche zu verbinden.*

Ob in Marienberg oder Annaberg-Buchholz – die Bergparaden erfreuen sich stets großen Zuspruchs. Entscheidend für ihr Fortbestehen ist, dass die Knapp- und Bruderschaften genügend Nachwuchs haben.

Im Laufe der Zeit bildete sich bei den Berg- und Hüttenleuten eine typische Tracht heraus. Die einzelnen Berufsgruppen unterschieden sich sowohl in der Kleidung als auch bei den mitgeführten Werkzeugen und sonstigen Arbeitsutensilien. So trugen die Bergleute das Leder hinten (Arschleder) und die Hüttenarbeiter – als Schürze – vorne. Am Habit konnte man auch erkennen, wer einfacher Hauer und wer Steiger war.

Linke Seite:
Die 1519 geweihte Annenkirche in Annaberg-Buchholz ist ein absoluter Höhepunkt spätgotischer Sakralarchitektur. Die große Halle mit den schlanken, gekehlten Achteckpfeilern besitzt ein besonders kunstvolles Schlingrippen- und Schleifensterngewölbe.

Der berühmte Bergaltar der Annenkirche war ein Auftragswerk der Bergknappschaft. So sind denn auch deren Arbeit und die erzgebirgische Landschaft das Thema der vier Bildtafeln auf der Rückwand, die von Hans Hesse gemalt wurden.

Es beeindruckt, wie dieser schwere Hammer allein durch die Kraft des Wassers bewegt wird. Zu sehen in der alten Schmiedehütte zu Frohnau, einem Ortsteil von Annaberg-Buchholz. Die Anfänge des Betriebes liegen rund 500 Jahre zurück.

Oben:
Ein ehemaliger Getreidespeicher beherbergt seit dem Frühjahr 2006 das Museum sächsisch-böhmisches Erzgebirge in Marienberg, in dem – zweisprachig – die Volkskultur auf deutscher und tschechischer Seite dokumentiert wird.

Links:
Klöppelstube in Scheibenberg. Dank Barbara Uthmann (1514–1575) fand diese Handarbeitstechnik auch im Erzgebirge Eingang. Die clevere Unternehmerin machte außerdem mit gewirkten Borten ihr Geld. Zeitweilig arbeiteten für sie an die 900 Beschäftigte.

Kleine Bilder links:
Dass man im Erzgebirge nicht nur auf Kühe und Gänse, sondern auch auf Lamas treffen kann, wissen wahrscheinlich nicht einmal alle Einheimischen. Doch die Tiere gibt es hier wirklich. Nämlich im Feriendorf „Schwarzwassertal“.

Unten:
Die Erzgebirgler sind wirklich zu beneiden. Haben sie doch – wie hier in Annaberg – die wunderschöne Natur gewissermaßen vor der Haustür.

Das hoch über dem Zschopautal gelegene Städtchen Wolkenstein verdankt seine Entstehung dem namensgebenden Renaissance-Schloss beziehungsweise dem Vorgängerbau, einer hochmittelalterlichen Burg der Herren von Waldenburg. Beim großen Burgfest, das jährlich zu Christi Himmelfahrt und dem darauffolgenden Wochenende stattfindet, werden die Besucher von Händlern und Gauklern auf eine Zeitreise in die Vergangenheit geführt.

Von der Höhe des Schlosses Wolkenstein blickt man in die idyllische erzgebirgische Landschaft (oben). An vergangene Zeiten erinnern am Burgfest der im 13. Jahrhundert erstmals erwähnten Anlage zahlreiche Darsteller (links). Heute befindet sich in den Gemäuern unter anderem das Heimatmuseum der Stadt Wolkenstein, sowie ein historisches Trauzimmer.

Seit dem Bau der großen Domorgel (1711 bis 1714) lebte und arbeitete Gottfried Silbermann in Freiberg. Neben einer weiteren, kleineren Orgel in diesem Gotteshaus, die ursprünglich in der Johanniskirche war, ist in der Jacobikirche noch ein drittes Werk des Meisters erhalten.

Auch für Leute, die sonst nicht in die Kirche gehen, ein unvergessliches Erlebnis: Berggottesdienst im Freiberger Dom St. Marien.

Rechte Seite:
Der erste Freiberger Dom datiert aus dem 12. Jahrhundert. Nach dem Stadtbrand von 1484 wurde bis 1500 ein neues Langhaus errichtet. Die ein paar Jahre später von Meister Hans Witten (1470/80 bis nach 1522) gestaltete Tulpenkanzel gehört zu den herausragendsten und ungewöhnlichsten Zeugnissen deutscher Bildhauerkunst.

„… DES GANTZEN LANDES LUST“: GOTTFRIED SILBERMANN

Obwohl sein Wirken schon drei Jahrhunderte zurückliegt, erfreut sich Gottfried Silbermann größerer Popularität als jeder andere Orgelbauer. Geboren 1683 im osterzgebirgischen Kleinbobritzsch, wuchs er im benachbarten Amtsstädtchen Frauenstein auf. Wir wissen durch ihn selbst, dass er schon in seiner „Jugend besonderen Trieb zur Orgelbau-Kunst gehabt und solche in Straßburg gehörig gelernet“ hat. In der Tat fand er an die zehn Jahre Unterkunft und Ausbildung bei seinem älteren Bruder Andreas, einem „berühmten Orgelmacher“ im Elsass. Erst im Frühjahr 1710 kehrte er wieder nach Sachsen zurück.

Es scheint, als habe der damals 27-Jährige seinen Lebensweg mit genau der gleichen Präzision geplant, die auch seine Orgeln auszeichnet. So besuchte er zunächst in Leipzig den damaligen Thomaskantor Johann Kuhnau: Dessen Empfehlung dürfte denn auch das Zünglein an der Waage gewesen sein, dass er den Zuschlag für den Bau der großen Orgel im Freiberger Dom bekam. Zuvor erhielt jedoch die Stadtkirche seines Heimatortes eine Orgel, für die er, mit der Begründung, dass Frauenstein sein „Vaterland“ sei, auf die Bezahlung verzichtete. Das Werk überlebte freilich nur 17 Jahre. Verbrannte doch 1728 der Weißbäcker Homilius neben seinen Kuchen fast noch ganz Frauenstein. Als Häuser und Kirche wieder standen, wandten sich die Bürger erneut an ihren damals schon berühmten Sohn. In dem Kontrakt aus dem Jahre 1734 verpflichtete sich Silbermann, „ein gantz neues und tüchtiges wohlproportioniertes Orgel-Werck mit zwei Clavieren und einem Pedal“ zu bauen. Zur Weihe des Instruments am 2. Juli 1738 schlug auch der lokalen Verseschmiede Stunde, die den Meister als „des gantzen Landes Lust“ feierten und den Herrgott baten, dass er ihn „noch viele Jahre leben … und lauter Glück um sein Haupt schweben“ lassen möge. Der Wunsch scheint erhört worden zu sein. Die Voraussetzungen für seinen Erfolg schuf Silbermann jedoch selber.

Kleine Orgelfahrt

Von Freiberg aus, wo er seit dem Bau der großen Domorgel (1711–14) bis zu seinem Tod wohnte und eine Werkstatt betrieb, schlug er immer größere Kreise. Über die Anzahl der von ihm geschaffenen Instrumente gibt es widersprüchliche Angaben. Klarheit besteht nur darüber, dass neunundzwanzig Orgeln und drei Positive erhalten geblieben sind. Die wichtigsten erzgebirgischen stehen in:

Frankenstein
Die von Silbermann begonnene Orgel (1752) wurde durch seinen Neffen vollendet.

Freiberg
Neben der großen besitzt der Dom eine ursprünglich für die Johanniskirche geschaffene kleine Silbermann-Orgel. Zwei weitere befinden sich in St. Jakob und St. Petri.

Nassau
Die einschiffige gotische Dorfkirche birgt eine Orgel aus dem Jahre 1748.

Pfaffroda
Die Orgel in der Dorfkirche datiert von 1715.

Reinhardtsgrimma
Die Orgel stammt aus den Jahren 1729/30.

Zöblitz
Silbermann errichtete die Orgel 1742.

Links:
„Es sind über die Maßen herrliche Instrumente", schwärmte Mozart von den Silbermannschen Instrumenten. Hier die große Domorgel in Freiberg.

Rechts:
Gottfried Silbermann – schon zu seinen Lebzeiten ein äußerst populärer Orgelbauer – gilt heute als der bedeutendste sächsische Orgelbauer der Barockzeit.

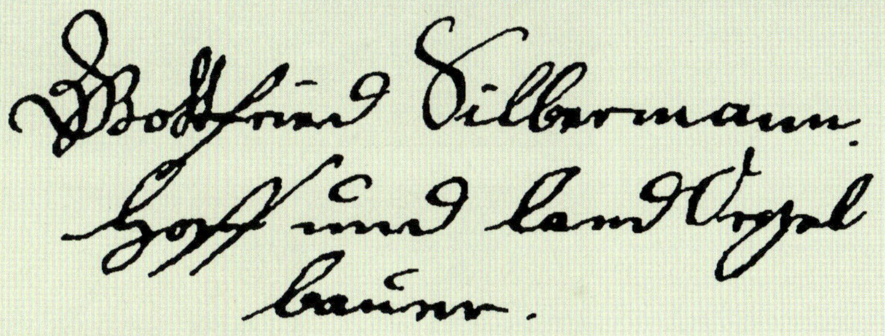

Oben und rechts:
Im Silbermann-Museum wird auch ein Dokument von 1748 mit der Unterschrift und dem Siegel des Meisters gezeigt.

Ganz links:
Diese zum Bau einer Orgel benötigten Werkzeuge sind im Gottfried-Silbermann-Museum in Frauenstein ausgestellt.

Links Mitte:
Das Gehäuse der großen Orgel im Freiberger Dom wurde von Elias Linder entworfen und von Georg Lampertius gebaut.

Rechte Seite:
Aus der Perspektive des Domturms gesehen, liegt einem die historische Innenstadt von Freiberg zu Füßen.

Rechts und ganz rechts:
Das Freiberger Bergstadtfest ist das größte Volksfest des Landkreises Mittelsachsen. Zu den Höhepunkten zählen die Wahl der Bergstadtkönigin und die sonntägliche Bergparade.

Rechts:
Wie man sieht, brennt nicht nur auf thüringischen, sondern auch auf sächsischen Volksfesten der Bratwurstrost.

Ganz rechts:
Zu den Handwerkern, die auf dem Bergstadtfest ihr Können demonstrieren, gehört auch diese Korbflechterin.

Seite 106/107:
Blick vom König-Johann-Turm auf Dippoldiswalde – eine Große Kreisstadt mit rund 10 000 Einwohnern. Der Aussichtsturm erhebt sich circa 20 Meter hoch in der sogenannten Dippoldiswalder Heide.

Links:
Im Vordergrund der Markt von Frauenstein, dahinter liegt das zwischen 1585 und 1588 erbaute zweiflügelige Renaissanceschloss. Und auf dem 680 Meter hohen Granitfelsen erhebt sich die Ruine der mittelalterlichen Burg.

Unten:
Die Burgruine Frauenstein wurde um 1200 errichtet, um die Grenze der Markgrafschaft Meißen zu Böhmen zu sichern. Nachdem die damaligen Besitzer, die Herren von Schöneck, im Jahre 1588 in das neuerbaute Schloss wechselten, stand die Burg leer. Beim großen Stadtbrand von 1728 stark in Mitleidenschaft gezogen, wurde sie danach nicht wieder aufgebaut.

Blick auf die Stadt- und Bergkirche von Tharandt „Zum Heiligen Kreuz". Der Ort wurde bereits 1216 zum ersten Mal urkundlich erwähnt. 1811 gründete Heinrich Cotta in dem Städtchen die erste deutsche Forstlehranstalt.

Heinrich Cotta begründete auch den Forstbotanischen Garten in Tharandt, der zunächst nur eine Fläche von 1,7 Hektar umfasste. 2001 erfolgte die Ernennung des nunmehr 15,4 Hektar großen Gartens zum Sächsischen Landesarboretum.

Rechte Seite:
Die Weicheltmühle im Gimmlitztal, die 2011 ihr 200-jähriges Bestehen feierte, ist sowohl ein voll funktionstüchtiges Technisches Denkmal als auch eine beliebte Ausflugsgaststätte.

Rechenberger

Linke Seite:
Im 2008 neu eröffneten Deutschen Uhrmachermuseum Glashütte dreht sich alles um die Zeit. Auf zwei Stockwerken und einer Ausstellungsfläche von 1000 Quadratmetern werden über 400 – zum Teil einmalige – Exponate gezeigt.

Ganz links:
1845 hatte sich der erste Uhrmachermeister in Glashütte niedergelassen, bereits wenig später war die Uhren- und Feinmechanik ein wichtiger Industriezweig des Ortes. An dessen Geschichte erinnert das Deutsche Uhrmachermuseum.

Links:
Dem Rechenmeister Adam Ries ist ein Museum in dessen ehemaligem Wohnhaus in der Johannisgasse 23 in Annaberg-Buchholz gewidmet. Anschaulich versetzt das Adam-Ries-Haus die Besucher in die Zeit der Renaissance.

Ganz links:
In einer 1750 erbauten Lohgerberei befindet sich heute das Lohgerber-, Stadt- und Kreismuseum zu Dippoldiswalde. Neben Exponaten zur Gerberei werden andere einheimische Gewerke vorgestellt sowie Erzeugnisse der Volkskunst.

Links:
Besonders beliebt im Lohgerber-, Stadt- und Kreismuseum ist die weihnachtliche Sonderausstellung mit erzgebirgischer Volkskunst.

Kleine Bilder links: *In der Uhrenmanufaktur A. Lange und Söhne in Glashütte. Zusammen mit Julius Assmann, Adolf Schneider und Moritz Großmann war Ferdinand Adolph Lange einer jener Pioniere, die Glashütte zur Hochburg des feinen deutschen Uhrenbaues und der Uhrmacherausbildung machten. Nach dem Fall der deutsch-deutschen Grenze gründete Walter Lange, der Urenkel Ferdinand Adolph Langes, die Manufaktur ein zweites Mal. So geschehen am 7. Dezember 1990 – auf den Tag genau 145 Jahre nach der Eröffnung des ersten Unternehmens.*

Unten:
Glashütte hat heute über 7000 Einwohner. Der Name verweist darauf, dass bei der Gründung die Glasmacherei Pate stand. Ab 1490 bot der Silberbergbau Beschäftigung. Der erste Uhrmacher, der sich hier niederließ, war – im Jahre 1845 – Ferdinand Adolph Lange.

Wie Hammer und Schlegel im Wappen verraten, ist das im Januar 2011 nach Altenberg eingemeindete Städtchen Geising ebenfalls ein Kind des Bergbaus.

Zunächst wurde in Geising Eisenerz gefördert, dann Silber und Zinn. Heute lockt das historische Ortszentrum, das im Grundriss weitgehend aus dem 16. Jahrhundert erhalten ist.

Rechte Seite:
In Geising findet man etliche schöne Fachwerkhäuser. Die Kirche stammt von 1689/90. Auf dem Altartisch befinden sich zwei wunderschöne Bergmannsfiguren. Und zwar nicht aus Holz, sondern aus Zinn.

Links:
Das über dem Tal der Müglitz thronende Schloss Lauenstein ging aus einer mittelalterlichen Burg hervor, deren Ruinen noch zu sehen sind. Der einst drei- und nunmehr zweiflügelige Renaissancebau beherbergt heute das Osterzgebirgsmuseum.

Unten:
Auf Schloss Lauenstein gibt es nicht nur einen Vogelsaal mit Wandmalereien geflügelter Wesen und eine Ausstellung zur Falknerei – man kann dort die großen Greifvögel auch in natura erleben.

Am Pöbelbach, einem Zufluss der Roten Weißeritz. Das von Wäldern und Wiesen gerahmte Tal war ein altes Bergbaurevier. Heute gehört es den Wanderern. Gelegenheit zur Einkehr gibt es ebenfalls. Und zwar in der 1698 errichteten Putzmühle.

Links:
In Zinnwald-Georgenfeld, einem Ortsteil von Altenberg. Die auf dem Kamm des Erzgebirges, in unmittelbarer Nachbarschaft zu Tschechien gelegene Streusiedlung erreicht eine Höhe von bis zu 880 Metern.

Unten:
Das Hochmoor bei Zinnwald-Georgenfeld steht seit 1926 unter Naturschutz. Es umfasst eine Fläche von elf Hektar. Die Torfschicht misst rund fünf Meter, was einem Alter von ungefähr 10 000 Jahren entspricht.

Die Herkunft des Namens Zinnwald ist eindeutig. Gefördert wurde zunächst Zinn, dann Wolfram und Lithiumglimmer. Der Ende des 17. Jahrhunderts angelegte Tiefe-Bünau-Stollen war der wichtigste in Böhmisch- und Sächsisch-Zinnwald. Seit 1992 ist er, unter dem Namen „Vereinigt Zwitterfeld zu Zinnwald“, Besucherbergwerk.

Rechte Seite:
Der Markus Röhling Stolln im Annaberg-Buchholzer Ortsteil Frohnau ist das meistfrequentierte Besucherbergwerk Sachsens. Vor rund 500 Jahren in den Berg getrieben, diente er zum Abbau von Silber und Kobalterz. Die ebenfalls dort lagernden Uranvorkommen lohnten die Förderung nicht.

Linke Seite:
Blick vom Reicheltberg auf jenen Teil Seiffens, der von der berühmten Dorfkirche dominiert wird, die – dank der Darstellungen der einheimischen Spielzeugmacher und Schnitzer – weit über die Grenzen unseres Landes hinaus bekannt geworden ist.

Das 1973 eröffnete Freilichtmuseum in Seiffen ist Teil des Spielzeugmuseums. Zu sehen gibt es verschiedene Werkstätten der holzverarbeitenden Berufe im Erzgebirge – vor allem der Spielwarenfertigung. Höhepunkt sind zweifellos die Vorführungen in der historischen Reifendreherei von 1760.

Typisch erzgebirgisch: Von Reifendrehern und Weihnachtsbergen

Zunächst nur als Zweiterwerb betrieben, profitierte die Holzbearbeitung vom Niedergang des Bergbaus. Statt nach Erz zu graben, was immer weniger Erfolg versprach, wechselten viele ab dem 18. Jahrhundert an die Drechselbank, wo es weder an Material, noch an Nachfrage mangelte. Anfangs wurden vornehmlich Gebrauchsgegenstände wie Teller, Spindeln, Knöpfe, Pfeifenfutterale, Nadel- und Tabakdosen sowie Pulverflaschen gefertigt, später immer mehr Spielzeug. Docken (Puppen) vor allem. Und nach und nach alle Tiere und Figuren, die man sich nur denken kann.
Dass ausgerechnet ein solch abgelegenes Dorf wie Seiffen die Konkurrenz überflügelte und zum Inbegriff für das erzgebirgische Weihnachtsland wurde, verdankt es in erster Linie einer revolutionären Erfindung, dem Reifendrehen. Bei diesem Verfahren, das ausschließlich auf Seiffen und die benachbarten Ortschaften beschränkt blieb, geht es zunächst darum, einem rotierenden Reifen (Ring) die verschiedensten Rillen und Kerben einzuschneiden. Und zwar von beiden Seiten. Danach wird der Ring in gleichgroße Scheiben aufgespalten. Erst jetzt entscheidet es sich, ob der Meister sein Fach versteht. Wenn ja, entpuppen sich die Teile als Kühe, Pferde oder Esel – die freilich noch der Nachbesserung durch ihren Schöpfer bedürfen. Nachdem dieser Körper, Kopf und Gliedmaßen den letzten Schliff gegeben hat, erfolgt abschließend die Bemalung. Der entscheidende Vorteil dieser Technologie besteht darin, dass sämtliches Viehzeug in einem Arbeitsgang gleich herdenweise auf die Welt gebracht werden kann, ohne zum Massenprodukt zu verkommen: Erhält doch jedes Tier – sei es nun groß oder klein – durchs Schnitzen und Bemalen Individualität, wird zum Unikat.
Natürlich ist das Reifendrehen viel schwerer, als es sich hier liest. Da die Umrisse der Figur erst nach dem Aufspalten des Rings zutage treten, ist nicht nur Konzentration, sondern vor allem Vorstellungsgabe gefragt. Ein „gleichsam inneres Sehen" sei vonnöten, schreibt Dr. Konrad Auerbach, Direktor des Erzgebirgischen Spielzeugmuseums Seiffen, und bringt damit die besondere Anforderung an den inzwischen selten gewordenen Beruf des Reifendrehers auf den Punkt.

Das große Werk eines einfachen Lebens

Zwönitz, Ortsteil Brünlos. Die relativ kleinen Schilder mit der Aufschrift „Weihnachtsberg" und einem geschnitzten Kometen sind nicht gerade so gemacht, dass sie gleich ins Auge fallen. Auch können nicht alle so gescheit wie die Heiligen Drei Könige sein und den Weihnachtsstern als Navigationshilfe nutzen. Doch irgendwie kommt man schließlich doch ans Ziel. Sprich: zum Windmühlenweg Nr. 7.
Dankenswerterweise haben Fernsehen und Zeitungen die Zuschauer/Leser ausgiebig darüber in Kenntnis gesetzt, was es in dem kleinen spitzgiebeligen Haus Besonderes zu sehen gibt – nämlich den wohl originellsten aller Weihnachtsberge. Bei diesen – nicht selten von mehreren Generationen – gebastelten Miniaturlandschaften handelt es sich um eine speziell erzgebirgische Huldigung an das schönste Fest im Jahr. Dargestellt werden nicht nur Christi Geburt, sondern ebenso die schwere und gefährliche Arbeit im Bergwerk und das dörfliche Leben. Der etwa vier mal zwei Meter messende Brünloser Weihnachtsberg hat ein ganzes Zimmer für sich allein. Gebaut wurde er von dem Strumpfwirker Friedrich Nötzel, der 1907 als Dreizehnjähriger mit der Arbeit begann und sie 1960, also 53 Jahre später, abschloss. Das Geschehen reicht von Mariens Besuch bei Elisabeth bis zum Massaker an den unschuldigen Kindlein von Bethlehem. Dabei stehen die Figuren nicht starr an ihrem Platz, sondern bewegen sich – und damit auch die Besucher. Wechseln den Standort, heben oder senken ihre Arme, schütteln die Köpfe. Die zentnerschweren Gewichte der mechanischen Laufwerke bringen auch jenes verborgene himmlische Orchester auf Trab, das ächzend und quietschend die unvergessliche Aufführung, zu der Nötzels Enkel den Kommentar liefert, untermalt.

Links:
Letzter Arbeitsschritt bei der Herstellung von reifengedrehten Figuren ist die Bemalung.

Oben:
Seit nunmehr 35 Jahren dreht sich diese schöne Weihnachtspyramide, ein Werk der Ehrenfriedersdorfer Schnitzer, auf dem Oberwiesenthaler Marktplatz.

Kleine Bilder rechts, von oben nach unten: *Die Arbeit des Reifendrehers beginnt damit, dass er einem rotierenden Holzring die äußeren Umrisse der Figuren einschneidet.*

Erst nachdem der Reifen in gleichmäßige Teile zerschnitten wurde, sieht man, ob die Figuren – in diesem Falle ein Pferd – gelungen sind.

Die Reifenteile müssen dann noch mit dem Schnitzmesser weiter bearbeitet werden.

Die Verwandlung eines Holzreifens in eine Herde von Pferden ist ohne Zweifel gelungen.

Rechts:
Wie es einem berühmten Schnitzerdorf zukommt, hat man in Seiffen auch die Wegweiser besonders kunst- und liebevoll gestaltet.

Ganz rechts:
Der lichtertragende Engel und der lichtertragende Bergmann sind die beiden ältesten und bekanntesten Figuren der erzgebirgischen Weihnacht.

Unten:
Wenn ein Nussknacker das Maul weit aufreißt, nimmt man es ihm nicht übel. Im Gegenteil: Es wird von ihm erwartet. Vor allem, dass er richtig zubeißt.

Oben:
In der Schauwerkstatt „Erzgebirgische Volkskunst“ in Seiffen kann man den Beschäftigten bei der Arbeit zusehen. Hier wird gerade eine Pyramide zusammengesetzt.

Links und ganz links:
Um die bekannten Seiffener Spanbäume herzustellen, bedarf es einer ruhigen Hand und viel Gefühl. Ausgangspunkt ist ein Stab aus Lindenholz. Die Äste werden nicht geschnitzt, sondern – so der Fachausdruck – gestochen.

Oben:
Motorschlittensafari bei Hermsdorf, einem auf dem Kamm des Erzgebirges gelegenen Erholungsort.

Rechts:
Die Bobfahrer, die auf der Altenberger Bahn zu Tal rasen, haben auf der 1413 Meter langen Strecke 18 Kurven – darunter einen Kreisel – zu bewältigen. Und das bei einer Höchstgeschwindigkeit von bis zu 140 Stundenkilometern. Die wohl anspruchsvollste Bahn der Welt war Austragungsort mehrerer Weltmeisterschaften im Bobfahren, Rennrodeln und Skeleton.

Die Kammlagen des Osterzgebirges bieten ideale Wintersportbedingungen. Und zwar nicht nur für Profis, sondern auch für Freizeitsportler. Die Loipen, Pisten und Rodelhänge sind nur selten überlaufen.

„Wollen die Vögel im Herbst nicht bald auf den Vogelherden einfallen und ziehen langsam weg, hoffet man noch auf einen Nachsommer. Hingegen wenn's im Gebirge scharf nach Krautsalat riecht oder die Sommervögel sich beizeiten versammeln und auf den Abzug schicken, oder die starken Nebel sich auf den Bergen festsetzen, hat man schon das Angeld vom Winter und die Nachzahlung bleibt nicht aus", heißt es in einer alten erzgebirgischen Wetterregel. Hier eine besonders romantische „Nachzahlung" bei Neuhermsdorf.

Winterbilder – wie gemalt – bietet die herrliche Landschaft um Neuhermsdorf. Die Kammlagen des Erzgebirges gehören zu den schneesichersten Gebieten der deutschen Mittelgebirge. Oft liegt hier bis in den April hinein noch Schnee, was alle Wintersportler freut.

Register

ZEITZ
SACHSEN-ANHALT
GERA
THÜRINGEN
Greiz
Göltzschtal-viadukt
Mylau
Elsterberg
Pausa/Vogtland
Mühltroff
Mehltheuen
Syrau
Drachenhöhle
Talsperre Pöhl
Treuen
PLAUEN
Altes Rathaus
Reuth
Weischlitz
Bergen
Werda
Oelsnitz
Bösenbrunn
Triebel
Weiße Elster
Adorf
HOF
Bad Elster
BAYERN
Aš
Selb

DRESDEN
Freital
Pirna
SACHSEN
DEUTSCHLAND
ALTENBURG
FREIBERG
Brand-Erbisdorf
Dippoldiswalde
Höckendorf
Reinhardts-grimma
Bad Gottleuba-Berggießhübel
Glashütte
Kohlkuppe 613 m
Limbach-Oberfrohna
CHEMNITZ
Glauchau
Augustusburg
Schloss
Zschopau
Schloss Wildeck
Altenberg
Kahleberg 905 m
Geising
Zinnwald-Georgenfeld
Pinge
Osterzgebirge
Lugau
Oelsnitz
Stollberg
ZWICKAU
Wilkau-Haßlau
Hartenstein
Lößnitz
Zwönitz
Greifensteine
Aue
Schneeberg
Bad Schlema
Kirchberg
Freizeitpark
Rodewisch
Schönheide
Eibenstock
Talsperre Eibenstock
Falkenstein/Vogtland
Morgenröthe-Rautenranz
Carlsfeld
Johanngeorgenstadt
Westerzgebirge
Klingenthal
Nejdek
KARLOVY VARY
Sokolóv
CHEB
Kiel 943 m
Gr. Rammelsberg 963 m
Scheffersberg 980 m
Fichtelberg 1.214 m
Oberwiesenthal
Annaberg-Buchholz
Marienberg
Olbernhau
Seiffen
Spielzeug-museum
Freilichtmuseum
Neuhausen
Schloss Purschenstein
Sayda
Saydaer Höhe 728 m
Talsperre Saidenbach
Lengefeld
Pockau
Pfaffroda
Zöblitz
Schauberg-werk
Steinhübel 816 m
Hirtstein 888 m
Museumsbahn
Jöhstadt
Crottendorf
Neudorf
Scheibenberg
Raschau
Schwarzenberg/Erzgebirge
Schloss
Lauter/Sachsen
Bernsbach
Elterlein
Geyer
Thum
Thalheim
Ehrenfriedersdorf
Wolkenstein
Wiesenbad
Großrückerswalde
Großolbersdorf
Gelenau
Burkhardtsdorf
Gornau
Jahnsdorf/Erzgebirge
Neukirchen/Erzgebirge
Leubsdorf
Eppendorf
Langenau
Mulda/Sachsen
Großhartmannsdorf
Lichtenberg
Frauenstein
Schloss
Pretzschendorf
Schmiedeberg
Rechenberg-Bienenmühle
Deutschneudorf
Stützengrün
Breitenbrunn
Rittersgrün
Eisenbahn-museum
Erzgebirge
Krušné Hory
TSCHECHIEN
ÚSTÍ
TEPLICE
LITVÍNOV
MOST
CHOMUTOV
Freiberger Mulde
Flöha
Zschopau
Zwönitz
Müglitz
Elbe
Mulde
10 km

Beobachtet auf dem Internationalen Trabantfahrer-Treffen in Zwickau: Gleich drei Personen gucken fasziniert in den Bauch eines der zum Kultobjekt gewordenen plastenen Automobile hinein.

Impressum

Buchgestaltung
www.hoyerdesign.de

Karte
Fischer Kartografie, Aichach

Printed in Italy
Repro: Artilitho snc, Lavis-Trento, Italien
www.artilitho.com
Druck und Verarbeitung: Grafiche Stella srl, Verona, Italien
www.grafichestella.it

ISBN 978-3-8003-4111-5

Bildnachweis
Alle Bilder von Johann Scheibner mit Ausnahme von:
S. 80 unten: Wikimedia Commons, Kora27 (Lizenz cc-by-sa 3.0).

Unser gesamtes Programm finden Sie unter:
www.verlagshaus.com